12 Tennis Geheimnisse um Immer zu Besiegen!

"Was Sie tun sollen und woran Sie arbeiten müssen um immer zu gewinnen!"

Von Joseph Correa

Copyright Seite

© 2013 12 Tennis Geheimnisse um Immer zu Besiegen!
ISBN 978-1-941525-14-2

Alle Rechte vorbehalten. Dieses Buch oder Teile davon dürfen nicht vervielfältigt oder in irgendeiner Art und Weise verwendet werden, ohne die schriftliche Genehmigung des Verlages, Ausnahme machen kurze Zitate die für Rezensionen verwendet werden.

Scannen, Hochladen und Verteilen des Buches über das Internet oder über andere Mittel ohne ausdrückliche Zustimmung der Herausgeber und Autors ist illegal und strafbar.

Kaufen Sie nur autorisierte Ausgaben dieses Buches. Bitte beraten Sie sich mit Ihrem Arzt bevor Sie dieses Buch verwenden und trainieren.
Sie können die Webseite des Autors bei tennisvideostore.com besuchen.

ÜBER DEN AUTOR

Hallo, mein Name ist Joseph Correa und ich habe Tennis gelehrt und gespielt von über 15 Jahre. Ich habe Profi-Tennis Jahrelang gespielt und jetzt bin ich ein profi Trainer bescheinigt von USPTR .

Nach vielen Jahren von Vorbereitungen und Wettbewerben mit den besten Spieler der Welt, habe ich gelernt, dass die meisten Leute erfolgreich sein können mit der richtigen emotioneller, seelischer und physischer Ausbildung.

Bewiesene wissenschaftliche Verfahren, Übungen und Schritt für Schritt Phasen müssen durchgeführt werden um Ihren Höhepunkt zu erreichen, deswegen habe ich den ersten Teil von Training DVDs vorbereitet und Bücher die Ihnen zeigen werden wie Sie Ihre Ziele erreichen können.

Durch meine Arbeit und Lerntipps habe ich vielen Amateuren und Profi Tennisspielern geholfen, ihre körperlichen, geistlichen und Leistungsziele zu verbessern um ihre Ergebnisse zu verbessern.

Ich werde Sie alles was Sie brauchen lehren um Ihre Ziele zu erreichen und hoffe, dass Sie diese Ideen mögen und Sie mit Ihren Freunden teilen werden. Um mehr über die verschiedenen Lehren meiner Bücher zu erfahren, besuchen Sie tennisvideostore.com. Mehrere Bücher werden dieses Jahr erscheinen mit neuen Übungen und Techniken.

Viel Erfolg,

Joseph

INHALTSVERZEICHNIS

ÜBER DEN AUTOR
Tip #1: Werfen Sie den Ball höher bei Ihrem Aufschlag
Tip #2: Split-Schritt bevor jedem Schlag

Tip #3: Spenden Sie mehr Zeit Ihrer Kontakstelle

Tip #4: Schlagen Sie alle Ihre Grundschläge komplett

Tip #5: Üben Sie Ihren Aufschlag um öfter zu gewinnen

Tip #6: Zählen Sie mehrere Rückschläge mit besserem Beinspiel

Tip #7: Wärmen Sie sich gut auf bevor jedem Spiel um erfolgreich zu beginnen
Tip #8: Dehnen Sie sich nach jedem Match um bereit für den nächsten Gegner zu sein

Tip #9: Kämpfen Sie für jeden Punkt des Matches, insbesonders für die Anfangspunkte jedes Spieles.

Tip #10: Schliessen Sie das Spiel entscheidend ab, bevor es zu spät ist.

Tip #11: Bleiben Sie optimistisch, egal was das Ergebnis ist oder welche die Spielsituation ist.

Tip #12: Benutzen Sie Ihr Gehirn um mehrere Spiele zu gewinnen und um Ihre mentale Stärke zu entwickeln.

Das beste Strategie Buch : 32 Tennis Strategien für das heutige Spiel

Bonus: 5 Fehler die Sie nicht wussten, dass Sie machen

Würden Sie mir einen Gefallen tun?

Andere Titel von Joseph Correa

Tip #1: Werfen Sie den Ball höher bei Ihrem Aufschlag

Die meisten Leute beschuldigen ihren Schlag für ihre Fehler, aber es hat nichts zu tun mit dem schwingenden Arm. Alles ist über den werfenden Arm.

Die Hauptelemente eines guten Wurfes sind:

-Halten Sie den werfenden Arm entspannt und halten Sie den Ball leicht. Sie sollten den Ball mit den Fingerspitzen berühren und nicht mit der Handfläche.

-Arbeiten Sie daran den Ball in der Luft zu stellen, anstatt ihn zu werfen. So wird Ihr Wurf genauer. Die beste Art den Ball zu werfen, ist immer einen Fuß vor Ihrer rechten Schulter, wenn Sie mit vor dem Spielplatz sind und sich für den Aufschlag vorbereiten. Wenn Sie einen Kick Aufschlag vorhaben, sollten Sie den Ball über Ihren Kopf oder eher nach hinten werfen, abhängig von dem Bogen den Sie mit dem Rücken schaffen.

Bevor Sie den Ball schlagen, sollten Sie Ihren Wurf wenigstens 30 Mal ausüben und 3 Mal pro Woche.

Falls Ihr Wurf nicht gut ist, wird Ihr Aufschlag nie gut sein, also schenken Sie Ihrem werfendem Arm mehr Aufmerksamkeit.

Tip #2: Split-Schritt bevor jedem Schlag:

Manche Leute die denken ihre Langsamkeit braucht mehrere Sprints oder 5 Meilen Läufe wissen nicht, dass man schlauer trainieren muss und nicht stärker

Der "Split Schritt" ist nichts mehr als ein Sprung mit beiden Beinen, der Sie für den Schlag des Gegners vorbereitet. Seien Sie sicher, dass sie bei Schultern Abstand sind, um niedrig zu bleiben.

Der "Split Schritt" kann mit einem niedrigem und schnellem Sprung oder mit einem hohen und langsamen Sprung durchgeführt werden, abhängig von der Geschwindigkeit des Punktes. Schnell und kurz für Punkte. Langsam und hoch für Topspin Bälle und längeren und langsameren Ballwechsel.

Wann sollten Sie den "Splitt Schritt" durchführen?

Well there's a precise moment when you should do the hop. Es gibt einen gewissen Moment an dem Sie den Sprung machen sollen. Wenn Ihr Gegner den Ball trifft, sollten Sie den Splitt Schritt machen um so schnell wie möglich zu reagieren, unabhängig von der Richtung des Balles.

Wie sollten Sie den Split Schritt üben?

Mit beiden Beinen Seil springen hilft Stärke und Ausdauer aufzubauen, sodass Sie nicht während des Spiels müde davon werden.

Sie können auch bei der Grundlinie sein und Sprünge nach vorne und nach hinten mit den beiden Beinen ausüben, während sie bei einem Schulterabstand sind.

Plyometrisches und Sprung Training sind sehr wirkungsvoll und verbessern Ihre Sprungfähigkeiten. Es ist aber wichtig die Übungen auf einer weichen Oberfläche zu machen und nicht übertreiben, damit Ihre Knie nicht einen zu hohen Preis bezahlen.

Tip #3: Spenden Sie mehr Zeit Ihrer Kontakstelle

12 Tennis Geheimnisse um Immer zu Besiegen!

Alle denken sie sehen den Ball, aber nicht so wie er betrachtet werden soll, um guten Kontakt zu machen.

Haben Sie sich jemals die Posters der Tennis Profis angesehen und wie sie immer Augenkontakt mit dem Ball haben?

Diese wissen wie wichtig es für sie und ihr Spiel ist.

Das Geheimnis ist mehr Zeit zu spenden und die Augen auf dem Ball zu behalten beim Kontaktpunkt und nicht zu schnell gerade zum Ziel zu schauen. Sobald Sie den Ball geschlagen haben, können Sie nichts mehr machen um ihn auf den Spielplatz zu steuern. Alles was zählt ist der Kontakt.

Versuchen sie diese Methoden um mehr Zeit beim Kontakt zu verbringen:

- Versuchen Sie die Nummer auf dem Ball zu sehen. Es klingt komisch aber ist nicht unmöglich. Sie können auch nach Kennzeichen suchen, aber es ist eine Herausforderung die Nummer zu sehen.

- Verfolgen Sie den Schatten Ihres Schlägers zu verfolgen um festzustellen ob der Schläger im richtigen Winkel ist, sodass der Ball in der guten Richtung fliegt. Manche Spieler können einen rechten Schläger haben oder einen schiefen für Top Spins oder Slices.

12 Tennis Geheimnisse um Immer zu Besiegen!

Wenn Sie Ihren Schläger schwingen werden Sie ihn mit den Augen verfolgen können, aber Sie können den erhaltenen Schatten verfolgen und darauf müssen Sie sich konzentrieren für den Kontaktpunkt.

- Eine schwere aber gute Übung ist jemand zu bitten mehrere Bälle zu werfen, während Sie je ein Ball schlagen und nicht sehen dürfen wo er ankommt. Sie können sich nur auf dem Schlagpunkt konzentrieren. Unten, oben, seitlich oder Mitte sollten Sie bei jedem Schlag sagen. Am Anfang kann es sehr schwer sein nicht wissen wo der Ball landet, aber mit Übung wird es einfacher werden.

Tip #4: Schlagen Sie alle Ihre Grundschläge komplett

Wenn wir unter Druck sind, verkürzen wir alle unseren Schwung und denken das wird den Ball helfen innerhalb den Linien zu bleiben, aber genau das Gegenteil passiert.

Die Durchführung ist nötig um den Schlag zu vervollständigen. Einen halben Schlag ist eine Hälfte eines guten Schusses.

Den falschen Schwung auszuüben wird dazu führen dieselbe Sache unter Druck zu machen oder in einem Wettbewerb.

Die meisten Spieler folgen einem Muster des Verkürzen ihres Schwunges umso größer Ihr Stressniveau ist. Sie müssen es in einer Gewohnheit verwandeln alle Ihre Schläge durchzuführen.

Eine gute Übung um sich zu verbessern ist ein "X" auf beiden Ellbogen zu zeichnen. Ihr Übungspartner oder Trainer sollte das "X" jedes Mal sehen wenn Sie Ihren Schwung machen und so können Sie beweisen, dass Sie den Schlag richtig durchgeführt haben. Das ist eine gute Übung für Spieler die sich in Drucksituationen verbessern wollen.

Tip #5: Üben Sie Ihren Aufschlag um öfter zu gewinnen

Einen Ass schlagen und dann einen Doppelfehler werden Sie dort bringen wo Sie angefangen haben. Das ist aber nicht das Ziel.

Das Geheimnis der Verbesserung Ihrer Konsequenz ist langsam anzufangen und die Geschwindigkeit nach und nach zu steigern.

In der Lage sein, die Menge der Doppelfehler die Sie in einem Spiel machen, kann gute Auswirkungen auf Ihrem Spiel haben. Ein extra Spiel oder zwei zu gewinnen anstatt sie in Form eines Doppelfehlers abzugeben, kann bedeuten dass Sie mehr gewinnen.

Die Grundelemente für die Verbesserung des Aufschlags sind:

- Fügen Sie Drehung dem Schlag ein, um Kontrolle und Leitung zu haben.

-Wiederholen Sie ständig dieselbe Bewegung. Versuchen Sie den Ball nicht stärker zu treffen und verändern Sie nicht die Aufschläge, sodass keine Slice oder Flat Schläge vorkommen.

-Beeilen Sie sich nicht. Prellen Sie den Ball oft und atmen Sie bevor den Aufschlag, das wird Sie verlangsamen. Der Aufschlag ist nicht ein Rennen!

Tip #6: Zählen Sie mehrere Rückschläge mit besserem Beinspiel

Ihre Beine sind zu Ihren Händen und zum Gehirn verbunden. Umso besser Ihr Beinspiel ist, desto besser werden Ihre Hände und das Gehirn reagieren.

Wenn Sie sich bei der Grundlinie befinden um zu Schlagen ist es wie bei einem Motor. Dieser Motor braucht eine Erwärmung bevor er seine maximale Kapazität erreicht. Die beste Art Ihren Körper bereit für den Aufschlag zu behalten ist die Beine zu bewegen. Springen, hüpfen, von einem Bein auf dem anderem zu springen oder Seil Sprünge sind alle gut.

Das Schlimmste was Sie bei einem Rückschlag tun können ist flach auf den Füßen zu stehen, also seien Sie sicher wenigstens auf den Zehen zu stehen.

Bewegen Sie sich vorwärts bei Ihrem Rückschlag und verwandeln Sie Ihren Körper in einer mobilen Wand an der sich der Ball anschlägt.

Der Split Schritt und das ständige Bewegen bevor dem Rückschlag ist das Beste was Sie tun können und das wird Ihnen sicherlich helfen mehr Bälle zu treffen, egal, wie schnell diese kommen.

Tip #7: Wärmen Sie sich gut auf bevor jedem Spiel um erfolgreich zu beginnen

Einen guten Start im Spiel macht einen grossen Unterschied, insbesonders in Ihren ersten Ergebnissen.

Die meisten Spieler wärmen sich sehr einfach auf: Dehnungen, Unterzeichnung mit dem Schiedsrichter, Freunde begrüßen und gehen dann zum Spielplatz um gleich anzufangen.

Die richtige Art sich vor dem Spiel aufzuwärmen wäre:

- Dynamische Dehnungen für den ganzen Körper 15 Minuten zu machen (oder länger falls Sie es brauchen)

- Um den Spielplatz zu joggen, ein paar Male vorwärts, seitwärts und rückwärts um die Beine und Füße zu lockern.

- spielen Sie einen einfachen Match mit einem Freund Versichern Sie sich, dass Sie alle Schläge ausgeübt haben die Sie vor Ihrem Gegner benutzen werden. Grundschläge die bei der Erwärmung vorkommen müssen sind : Vorhand, Rückhand, Flugball, Overhead und Aufschlag. Mehrere fortgeschrittene Schläge die man benutzen kann sind: Vorhännde und Rückhände im Winkel, Drop Schuss, Slice, Top Spin, Lobs usw.

- Machen Sie eine leichte Erwärmung durch beugen bevor dem Spiel falls Sie das gewöhnlicher weise machen, falls nicht, fangen Sie nicht vor dem Spiel an.

- Überprüfen Sie, dass in Ihrer Tasche Getränke sind, extra Griffe, Handtücher, ein extra T-Shirt, extra Socken, ein gesundes Snack, usw.

Tip #8: Dehnen Sie sich nach jedem Match um bereit für den nächsten Gegner zu sein

Nachdem Sie Ihren Match gewinnen, kann es sein, dass Sie den zweiten in den nächsten 48 Stunden spielen müssen, das bedeutet desto locker Sie sind, desto besser werden Sie spielen.

Machen Sie eine Gewohnheit daraus, egal was das Ergebnis des Spieles ist, sich nach jedem Spiel auszudehnen. Es kann sein, dass Sie gewinnen und feiern ohne sich auszudehnen, da Sie schon gewonnen haben. Oder Sie können verlieren und stören sich nicht mehr einmal auszuüben, da Sie kein Gegner heute, morgen oder nächste Woche haben.

Um diese Gewohnheit zu kriegen, muss man verstehen, dass um besser in Tennis zu werden braucht man ständige Verbesserung, die nicht in einem Tag oder in einer Woche passiert. Es dauert bis man langsam sein Spiel entwickelt und alle Teile des Puzzles zusammenstellt. Ein wichtiger Teil des Puzzles ist Ihre allgemeine Mobilität die verbunden mit Beweglichkeit und Flexibilität ist. Der beste Moment für eine Ausdehnung ist wenn Sie sich schon erwärmt und geschwitzt haben. Deshalb sollten Sie es nach den Spielen machen.

Tip #9: Kämpfen Sie für jeden Punkt des Matches, insbesondere für die Anfangspunkte jedes Spieles

12 Tennis Geheimnisse um Immer zu Besiegen!

Haben Sie sich jemals gefragt welche die wichtigsten Punkte des Spieles sind? Alle sind es, da sie alle den gleichen Wert haben. Sie müssen nur genügen sammeln um das Spiel zu gewinnen.

Manche Punkte sind wichtiger, wegen des Spielstandes an dem Augenblick.

Um einen Vorsprung in den meisten Tennisspielen zu haben, machen Sie es zu einer Priorität extra hart für die ersten Punkte an jedem Anfang zu arbeiten.

Sie werden alle Chancen haben zu gewinnen nachdem Sie die ersten Punkte haben und auch wenn sie den ersten Set gewinnen. Man sagt, dass 70% der Spieler die den ersten Set gewinnen, besiegen und das sagt alles über die Bedeutung der ersten Punkte.

Ein Beginn mit einem Vorteil von 15-0 oder 30-0 in einem Spiel, gibt Ihnen einen psychischen Vorsprung und macht Ihren Gegner aufzugeben und zu denken er sei weit hinter Ihnen. So erscheinen oft alberne Fehler oder zu aggressive Punkte.

Bearbeiten Sie jeden Punkt des Spieles und sehen Sie wie das Wunder für Sie machen wird und Sie werden sogar überrascht von unerwarteten Siegen sein.

Tip #10: Schliessen Sie das Spiel entscheidend ab, bevor es zu spät ist.

12 Tennis Geheimnisse um Immer zu Besiegen!

Haben Sie Probleme beim Gewinnen? Es kann sein, dass Sie nicht genügend Erfahrung haben um ein Match zu gewinnen. Schliessen Sie es ab!

Das Schwerste in einem Tennisspiel ist es abzuschliessen. Wenn Sie es nicht abschliessen können, werden Sie nie Wettbewerbe oder Turniere gewinnen. Die Wahrheit ist, Sie lernen viel vom Verlieren aber können das Gewinnen auch genießen.

. Gewinnen und Abschließen ist wichtig, also hier sind ein Paar wichtige Sachen die Sie tun müssen, wenn Sie die Chance haben ein Spiel abzuschließen.

Erstens, müssen Sie feststellen wie Sie die Anfangspunkte gewonnen haben, da es eine große Chance haben so die Match Punkte zu gewinnen.

Zweitens, lassen Sie Ihren Körper nicht kalt werden. Bewegen Sie Ihre Beine standing und behalten Sie den Kopf hoch, egal wie müde Sie sind.

Drittens, bleiben Sie positiv! Falls Ihr Gegner einen unmöglichen Schlag trifft und Sie nichts dagegen tun können, seien Sie nicht enttäuscht. Wieviele solche unmögliche Schläge kann man der Reihe nach schlagen?Nicht genügend um den Match Punkt zu gewinnen.

Viertens, beeilen Sie sich nicht. Die meisten Fehler und schlechten Entscheidungen finden statt wenn Sie sich beeilen. Nehmen Sie sich die Zeit die Sachen auf Ihre Art und Weise zu tun, auch wenn sich Ihr Gegner beschwerdet Sie seien zu langsam.

Letztens, versuchen Sie den Druck Ihrem Gegner zu übertragen indem Sie ihm zum Netz bringen und er ein Flugball schlägt oder durch ein Passierschlag. Lobs sind auch gefährliche Schüsse die unter Druck geschlagen werden. Anstatt sicher zu spielen, können Sie zum Netz hinüber gehen und den Ball auf der schwachen Seite zu schicken und so muss der Gegner ein Passierschlag machen.

Tip #11:
Bleiben Sie optimistisch, egal was das Ergebnis ist oder welche die Spielsituation ist.

12 Tennis Geheimnisse um Immer zu Besiegen!

Einen Punkt, zwei oder das ganze Spiel zu verlieren ist kein Grund den Rest des Matches abzugeben aufgrund der Negativität.

Zu oft sehe ich jüngere Spieler die wichtige Punkte verlieren oder aufgeben. Der Verlust von Geduld oder Temperament muss mit positivem Denken und Überzeugung, dass man das Spiel gewinnen kann, verbessert werden

Mehrere Profi Tennisspieler haben sich Sport Psychologen angestellt, die ihnen mit der mentalen Vorbereitung helfen sollen, da sie verstanden haben wie wichtig dieser Aspekt des Spieles ist. Die Sportler wurden gelehrt die ganze Zeit positiv zu bleiben auch unter Druck. Ganz egal von wo der Druck kommt.

Die besten Arten positive zu bleiben sind:
 - Schreiben Sie auf einem Stock "bleibe positiv" oder "gib nicht auf" oder "kämpfe weiter" und stellen Sie ihn in Ihrem Schläger wo Sie ihn oft sehen können. Über dem Griff des Schlägers ist der beste Platz. Das wird Sie immer an was Sie tun sollen erinnern.

- Erhalten Sie einen positives Bild. Ihr Gegner sieht Sie so wie Sie sind, behalten Sie Ihren Kopf hoch, Schultern nach hinten, bewegen Sie die Beine, halten Sie den Rücken gerade usw.

- Beim überwechseln stellen Sie sich das Handtuch übers Kopf, vergessen Sie alles und atmen einfach. Wenn Sie das Handtuch abnehmen , stehen Sie auf und wiederspiegeln den Bild eines Siegers.

**Tip #12:
Benutzen Sie Ihr Gehirn um mehrere Spiele zu gewinnen und um Ihre mentale Stärke zu entwickeln.**

12 Tennis Geheimnisse um Immer zu Besiegen!

Der wichtigste Muskel im Körper ist üblicherweise unbenutzt, aber es muss nicht so sein.

Ihr Gehirn kann Ihr größter Alliierter sein, oder Ihr ärgster Feind. Wissen wie ihn man gebraucht nützt jedem Spieler, bei jedem Niveau. Lernen Sie wie Sie Ihr Schwerpunkt, Konzentrierung, Stille, Gedanken verbessern können und positiv bleiben.

Versuchen Sie diese Methoden:

- Benutzen Sie positive Stichwörter wie: du kannst, mach weiter, jetzt ist deine Chance, noch ein Punkt, halte den Kopf hoch

- Benutzen Sie positive Körpersprache um Ihr Gehirn für Erfolg zu programmieren.

- Behalten Sie die Augen und die Gedanken auf dem Ball und nur auf Ihrem Spielplatz.

- Die Konsequenz ist die beste Art Ihre Konzentrationsfähigkeiten zu erhöhen. Einen Punkt zu gewinnen ist gut, aber um das Spiel zu gewinnen braucht man mehr als ein Punkt.

- Atmen Sie zwischen und während den Punkten und auch bei dem Überwechsel. Behalten Sie Ihren Atem nicht, da Sauerstoff wichtig für das Gehirn ist.

- Üben Sie visuelle Ausbildung damit Ihre Augen auf dem Ball gerichtet bleiben.

- Üben Sie eine Visualisierung bevor dem Spiel um sich für den Tennisplatz vorzubereiten. Für manche Spiele ist das unglaublich mächtig, also versuchen Sie es mal. Visualisieren Sie Ihr Spiel, Ihre Punkte und Ihre Schläge, so dass Ihr Körper weiss was Ihr Gedanken machen will.

Das beste Strategiebuch: 32 Tennis Strategien für das heutige Spiel

32 TENNIS STRATEGIEN FÜR DAS HEUTIGE SPIEL
von Joseph Correa

Profi Tennisspieler und Trainer, Joseph Correa, lehrt sie die wichtigsten Tennis Strategien um Sie zu helfen Ihr Potential zu maximieren. Lernen Sie über: - Grundstrategien in Tennis –Fortgeschrittene Tennisstrategien – Mentale Tennisstrategien und viele andere… Manche Strategien die Sie lernen werden sind : Wie Sie einen Spieler auf allen Oberflächen besiegen , Wie Sie den „Netz Beeiler" besiegen, Wie man „lobbers" überwindet. Was Sie nach dem Doppelfehler machen. Lernen Sie von den Besten mit diesem ausgezeichnetem Strategiebuch, das Ihnen helfen wird mehrere Spiele zu gewinnen und besser auf dem Spielplatz denken. Gewinnen Sie mehr Spiele indem Sie die richtige Strategie für jede Situation benutzen. Jeder Spieler ist verschieden in seiner eigener Art. Manche bleiben auf der Grundlinie, während andere zum Netz laufen. Dieses Buch wird Ihnen die Antwort zu Ihren Strategiefragen geben. Diese 32 Strategien werden Sie lehren wie Sie viele verschiedene Typen von Spieler besiegen können und mentale Hindernisse überwinden durch besondere mentale Strategien die im Buch beigefügt sind. Für mehrere tolle Tennis Videos und Bücher besuchen Sie www.tennisvideostore.com

Bonus: 5 Fehler die Sie nicht wussten, dass Sie machen

#1 Haben Sie sich überrascht indem Sie anderen Spielern zuschauten?

Konzentrieren Sie sich auf Ihr eigenes Spiel und nicht auf die Umgebung.

#2 Have you found yourself standing around on the court?

Bewegen Sie Ihre Beine wenn Sie nicht die Seite wechseln. Es ist sehr einfach und auch sehr wirkungsvoll, also fangen Sie an!

#3 Geben Sie auf nachdem Sie das erste Spiel verlieren?

Die meisten Leute bemerken nicht wie schnell die Sekunden vergehen nachdem das erste Spiel verloren wurde. Lassen Sie sich nicht enttäuscht. Konzentrieren Sie sich damit Sie Punkt um Punkt zu gewinnen und nicht Spiel um Spiel.

#4Gehen Sie direkt beim Change Over anstatt Platz zu nehmen?

90% des Spiels findet statt in Ihrem Kopf, also nehmen Sie sich die Zeit zu sitzen und das Spiel durchzudenken. Machen Sie Veränderungen und

Anpassungen bis Sie am besten spielen und die beste Strategie benutzen um mehrere Punkte zu gewinnen.

#5 Trinken Sie keine Flüssigkeiten in der Nacht oder am Morgen vor Ihrem Spiel?

Woher stellen Sie sich vor, dass der ganze Schweiß kommt während Sie spielen? Schon geraten! Von den Flüssigkeiten die Sie mindestens eine Stunde früher getrunken haben. Wenn Sie zur Toilette müssen, ist das kein Problem, aber Dehydratisieren ist schon eines. Trinken Sie Flüssigkeiten vor und nach dem Spiel, da Sie nicht genau wissen wie viel Sie an einem einzigen Tag spielen werden.

Würden Sie mir einen Gefallen tun?

Vielen Dank für das Herunterladen und Lesen dieses Buches. Ich hoffe es war hilfreich und wenigstens eine Idee wird Ihnen helfen einen oder zwei Spiele zu gewinnen.

Ich bitte um einen kleinen Gefallen. Können Sie bitte ein kurzes Kommentar schreiben und dieses Buch auf www.amazon.com raten?

Ich lese alle Bewertungen meiner Bücher und freue mich wenn ich weiß, was andere davon denken.
Ich denke, dass der beste Lohn von den positiven Bewertungen der Tennisspieler kommt.

Sie können Ihre Rezension auf Amazon.com schreiben, bei 12 Tennis Geheimnisse um Immer zu Besiegen von Joseph Correa.

Wenn Sie ein Familienmitglied oder ein Freund kennen, der diese Lektüre nutzen kann, bitte teilen Sie es weiter mit, sodass sich auch ihr Spiel auch verbessern kann.

Ich helfe anderen gern and beantworte gern Fragen kostenlos. Sie können mir auf Twitter schreiben www.twitter.com @mybetterswing.com

Sehen Sie sich einige meiner anderen Bücher auf der nächsten Seite.

MEHRERE TITEL VON JOSEPH CORREA

Das Programm eines stärkeren Aufschlags
Dieses DVD wird Sie lehren wie Sie 10 bis 20 Meilen pro Stunde Aufschlagen können in einem täglichem drei Monate langem Programm. Der beste Aufschlag Programm auf dem Markt. Das Video enthält ein 3-monatiges Trainingsprogramm und ein Schritt für Schritt Lehrbuch. Die DVD zeigt Ihnen wie Sie die Übungen richtig durchführen sollen und der Prozess dem Sie folgen sollen um erfolgreich zu sein.

Jospeh Correa ist ein professioneller Tennisspieler und Trainer, der weltweit an ITF and ATP Tournamente teilgenommen hat und auch für viele Jahre gelehrt hat. Außerdem hat er auch eine USPTR professionelle Coaching-Zertifizierung und eine ITF Kinder Coaching-Zertifizierung.

Die 33 Gesetze des Tennisspieles
Die 33 Gesetze des Tennisspiels ist ein wertvolles Buch voll von wichtigen Konzepte, die Ihnen helfen werden einen besseren Tennisspieler zu werden. Dieses Buch wurde von einem Profi Tennisspieler und Trainer aus den USA geschrieben . Es ist ein sehr nützliches Buch, das Sie überraschen wird wenn Sie sich am wenigsten erwarten und wird Sie an kleinen, jedoch wichtigen Sachen erinnern, bevor dem Wettkampf.

Tennis Beinübungen und Cardio von Joseph Correa
Jospeh Correa ist ein professioneller Tennisspieler und Trainer, der weltweit an ITF and ATP Tournamente teilgenommen hat und auch für viele Jahre gelehrt hat.

Außerdem hat er auch eine USPTR professionelle Coaching-Zertifizierung und eine ITF Kinder Coaching-Zertifizierung.

Verbessern Sie Ihre Mobilität auf dem Tennisplatz. Ihre Beine werden Ihren Körper verstärken. Eine Diät für echte Sportler, egal was Ihr Niveau ist. Sie werden schneller, kräftiger und agiler auf dem Spielplatz und werden eine Steigerung der Geschwindigkeit des Schlages bemerken. Erstellt von einem professionellen Tennisspieler für andere damit sie ihr Spiel voranbringen und mehr gewinnen.

Yoga Tennis von Joseph Correa
Yoga Tennis von Joseph Correa ist eine gute Möglichkeit, Ihre Flexibilität und Beweglichkeit auf dem Spielplatz zu verbessern . Erreichen Sie mehr Bälle mit wenigeren Verletzungen. Es ist eine gute Art zu besiegen, indem Sie an verschiedenen Teile des Spieles arbeiten. Benutzt von Amateure und Profi Spieler um ihr Spiel zu verbessern und länger im Match bleiben.

Das ist die beste Art für einen Spieler mehr flexibler zu werden und den Rücken, Knie, Schulter, Kniesehne, Kalb und Quadrizeps Verletzungen loszuwerden. Das ist eine verbesserte Version unseren MBS Yoga Tennis 2012.

Die Vilcabamba Diät
Das beste Diät und Übungsbuch das Sie finden werden, falls Sie in Form sein wollen und mehr leben möchten. Es ist auf einem Dorf in Ecuador ,namens Vilacabamba

gegründet, wo die meisten Bewohner länger leben. Geeignet für Sportler!

Tennis Abs von Joseph Correa
Tennis Abs ist eine tolle Art Ihren Mittel zu verstärken für kräftigere Aufschläge, Vorhände und Rückhände. String Abs sind der Schlüssel für ein besseres Spiel. Diese DVD funktioniert auf vielen Arten von Crunches, Sit-ups, und seitlichen Bauchmuskeln und Rückenübungen, die Sie nicht in anderen Videos finden werden. Fühlen Sie sich sicher wenn Sie Ihren T-Shirt wechseln und schlagen Sie den Ball stärker!

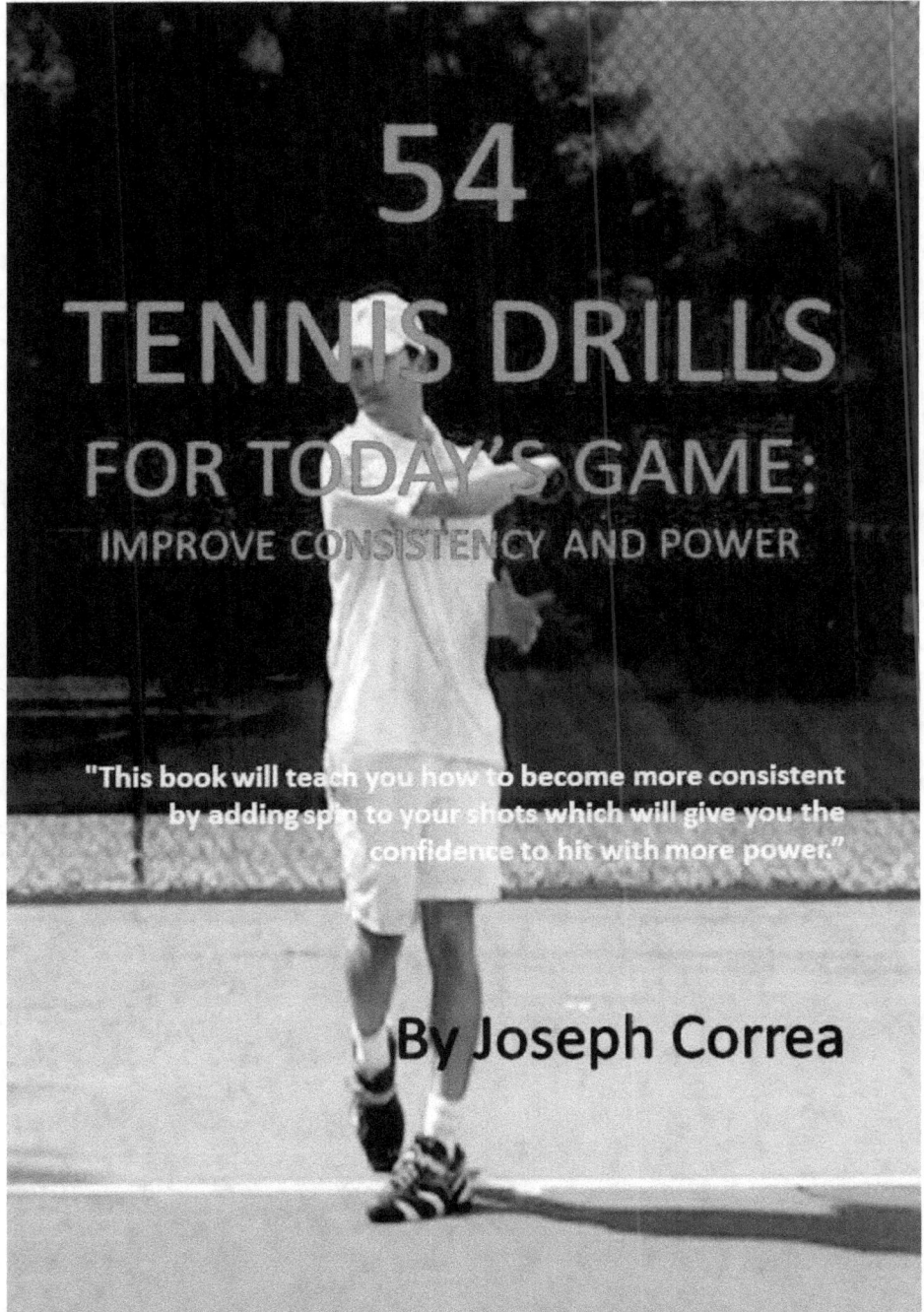

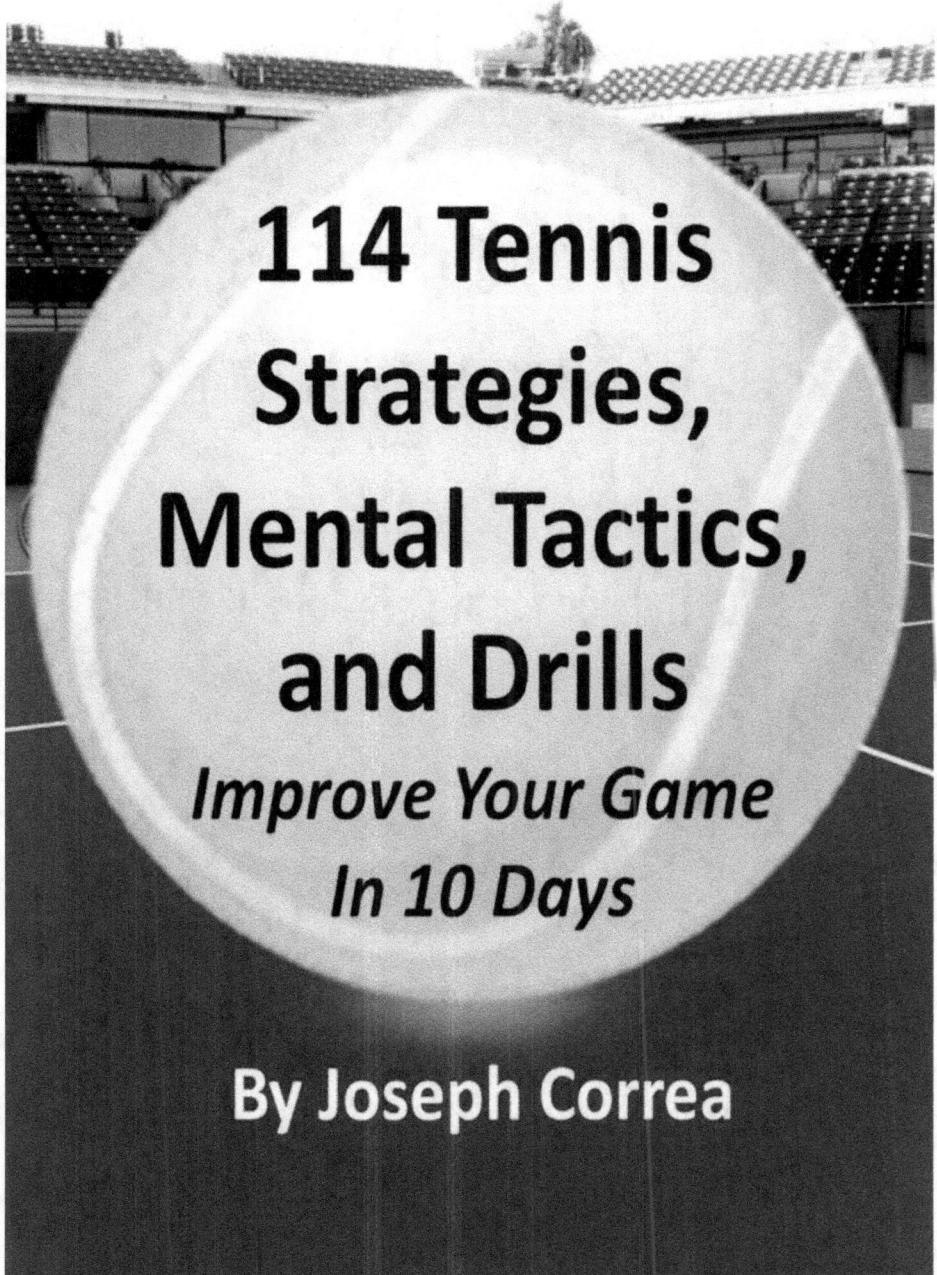

12 Tennis Geheimnisse um Immer zu Besiegen!

12 Tennis Geheimnisse um Immer zu Besiegen!

12 Tennis Geheimnisse um Immer zu Besiegen!

12 Tennis Geheimnisse um Immer zu Besiegen!

12 Tennis Geheimnisse um Immer zu Besiegen!

12 Tennis Geheimnisse um Immer zu Besiegen!

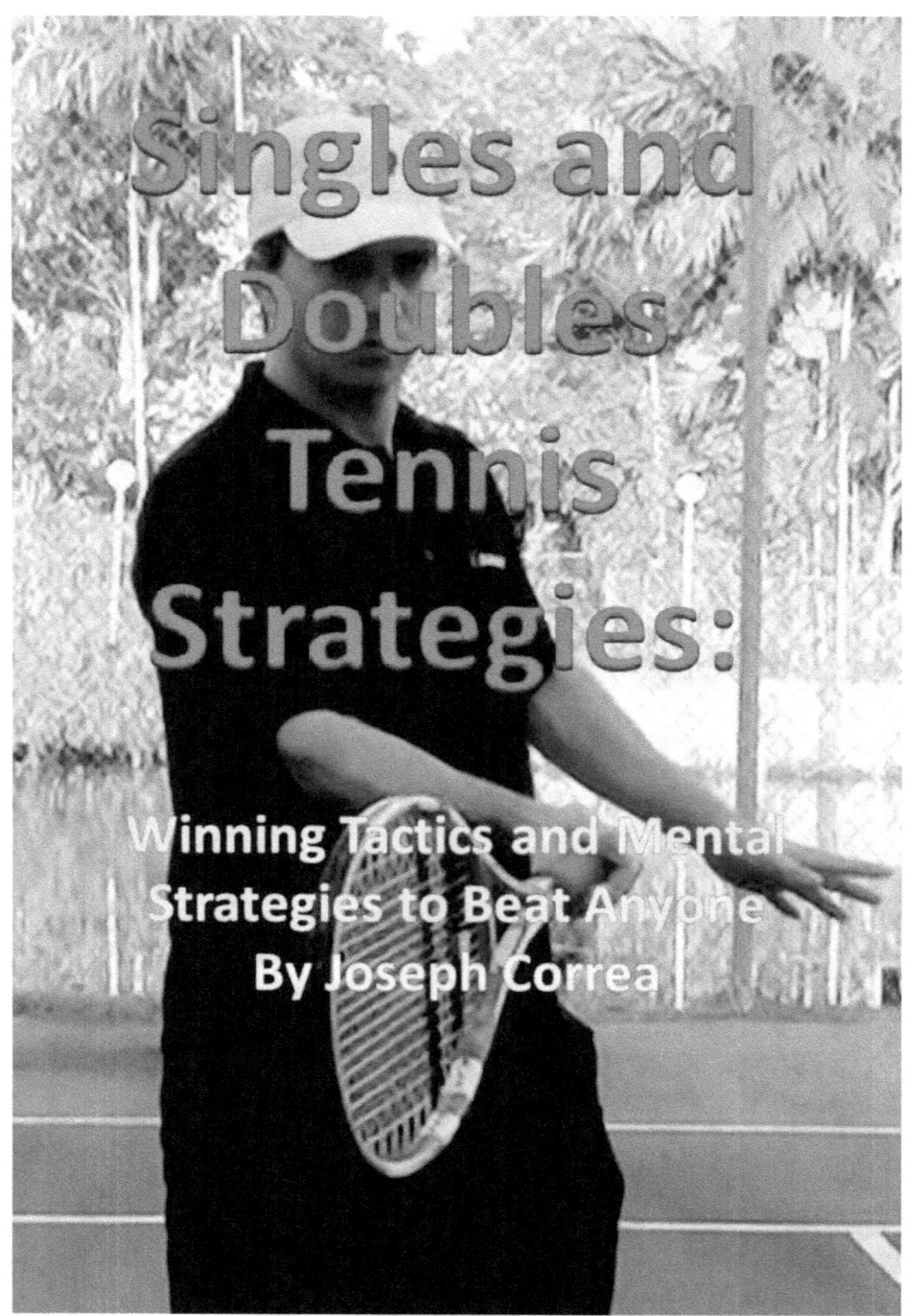

12 Tennis Geheimnisse um Immer zu Besiegen!

12 Tennis Geheimnisse um Immer zu Besiegen!

12 Tennis Geheimnisse um Immer zu Besiegen!

THE 33 LAWS OF TENNIS

Thirty three concepts to improve your game

By
Joseph Correa

Actual professionals share their trade secrets in this highly practical guide to becoming the best tennis player you can be.

DR. JUAN CARLOS CORREA and JOSEPH CORREA

The Vilcabamba Diet :

Lose 10 pounds or more!

Lose Weight, Live Longer, and Eat Healthier with the Magic Formula of our Ancestors

12 Tennis Geheimnisse um Immer zu Besiegen!

www.ingramcontent.com/pod-product-compliance
Lightning Source LLC
Chambersburg PA
CBHW071219070526
44584CB00019B/3076